Ulrich Knellwolf · Gott ist kein Gentleman

T V Z

Ulrich Knellwolf

Gott ist kein Gentleman

Gedichte

T V Z
Theologischer Verlag Zürich

Der Theologische Verlag Zürich wird vom Bundesamt für Kultur für die Jahre 2026–2028 mit einem Strukturbeitrag unterstützt.

Bibliografische Informationen der Deutschen Nationalbibliothek
Die Deutsche Nationalbibliothek verzeichnet diese Publikation in der Deutschen Nationalbibliografie; detaillierte bibliografische Daten sind im Internet über http://dnb.dnb.de abrufbar.

Umschlaggestaltung
Simone Ackermann, Zürich

Bild Umschlag und Innenteil:
Otto Morach (1887–1973), Viadukt bei Rümlingen (1916),
Kunstmuseum Grenchen
In: Hugo Stüdeli / Stephan Flury: Die Malerfreunde / Fritz Baumann. Otto Morach. Arnold Brügger, Solothurn 1992, S. 141

Druck
gapp print, Wangen im Allgäu

ISBN 978-3-290-18767-5 (Print)
ISBN 978-3-290-18768-2 (E-Book: PDF)

www.tvz-verlag.ch

Inhalt

Für Elisabeth und Peter Lüscher-Knellwolf,
für Ursula Anderwert und Arnold Oertle,
für Brigitte und René Doldt-Damann.
Und für Andrea Jaeger.

Im Gedenken an Elsbet

Der Herr hat's gegeben
der Herr hat's genommen
Der Name des Herrn sei gelobt

Warum nimmst du weg
was du gegeben hast
Die so tun
nennt man Betrüger
Wir hüten uns vor ihnen

Du aber suchst Lob für deinen Namen
Wie soll das werden
nachdem du genommen
was du gegeben hast
Sie mir
mich ihr

Vielen Dank
an Lisa Briner vom TVZ,
an Dr. Christian Pflugshaupt für die Erlaubnis,
das Bild von Otto Morach zu verwenden,
und an Johanna Bleisch für das druckfertige Skript.

Dirk Woltmann: Lernt von den Blumen!
Atmen, wahrnehmen, staunen. Achtsamkeit und Spiritualität in der Natur
Illustration: ©istockphoto.com/VIDOK
ISBN 978-3-290-18689-0, TVZ Theologischer Verlag Zürich, www.tvz-verlag.ch

Viadukt bei Rümlingen
von Otto Morach (1887–1973), um 1916

Felsen und Himmel
endlos weit weg
Ununterscheidbar geschliffen
aus blauem Kristall
Davor hochbeinig das Viadukt
sagt nicht woher und wohin
Hier unten zwängt sich durchs Engnis
Strasse oder Fluss
Und in der Klus
die Kirche

Seine Brücken
sind Teufelsbrücken

Seine Felsen
sind die gewetzten Sensen des Todes

Sein Kirchturm
ein gezücktes Stellmesser
das den Himmel aufschlitzen will

I

Krebs und Krieg

Krebs und Krieg
Stabreim weil
der Endreim ja doch feststeht
grausam öd
der Tod

Krebs und Krieg
einer des andern Metapher
Krebs der Krieg in den lebendigen Leibern
Krieg der Krebs am Leib der Welt
Zusammengebunden den Berg hinuntergerollt
ist der schlimmere der schlimmen Zwillinge
immer obenauf
Endloses Karussell des Elends
Eifrige Zulieferer des Todes beide

Krebs und Krieg
Blutsbrüder die zwei
beide gleich alt
und seit Anbeginn im Geschäft
als Querläufer und Widerredner

Der verlogenere von ihnen der Krebs
ein Geheimagent sozusagen
der selbst kein Blut an den Händen hat
dir deins aber vergiftet
eh du dich dessen versiehst

Der Krieg im Vergleich ein ehrlicher Haudrauf
simpel und geradeheraus
Will Blut sehen Gibt Blut zu sehen
Und hört wie der andere nicht auf
bis alles kaputt ist

Ein wilder Haufen kleiner Krebse
Outlaws Strauchritter Wegelagerer
hat mir aufgelauert
mich lautlos hinterrücks überfallen
jeder ein leeres Schneckenhaus
als Tarnkappe und Panzer
über sich gestülpt
Lumpenpack
Klettern mit reissendem Hunger
ins Geäst meines Skeletts
und fressen sich an mir satt
Räuberbande unverschämte
Aber immerhin bin ich in meinem Alter
in ihren Augen
noch für etwas gut

Wie kommst du dazu
mir diesen Feind in den Leib zu setzen
Was habe ich dir getan
dass du meinen Tod willst
vom Augenblick meiner Zeugung an

Sündenfall als Begründung
Mach dich nicht lächerlich
Theologengewürg
Deiner nicht würdig

Du bist doch kein Buchstabenklauber
und nicht dein eigener Winkeladvokat
Du bist ja nicht irgendein Gott
Du bist Gott

Der mich geschaffen hat
um mich um sich zu haben
Für beschränkte Dauer Und dann Schluss
Das tut weh
Weisst du wie weh das tut

Wär's möglich dass du ein Angeber bist
Grosse Versprechen
und nichts dahinter
Dass du Terror machst
damit man dich fürchte

Ich
weiss
es
nicht

Der japanische Kirschbaum prangt in Blüte
Schaut zum Fenster herein
wie die Hure ins Auto des Freiers
üppig Rosarot auf den Lippen

Willst du mir Mut machen damit
Dann sage ich dir Es ist geschmacklos
Ich pfeife auf deinen käuflichen Frühling
Schwarz und Blutrot wären die Farben der Zeit

Ein locker gestrickter Pullover mein Ich
Zieh an einem Faden
und das Gewirk löst sich auf
bis dasteht eine schäbige Kleiderpuppe
weder Gesicht noch präzise Gestalt
anonym wie eine Kartoffel
die der Küchengehilfe geschält hat
und zu den andern ins siedende Wasser wirft

Sie brauchten nichts zu erfinden
Alles war schon da
Sie brauchten es nur zu kopieren
und ihren Zwecken anzupassen

Denn du hast ihnen alles vorgemacht
und tust es bis dato
Nichts ist auf unserem Mist gewachsen
Deiner Gott ist es

Ansteckender Eiter aus krankem Gehirn
deinem
Epidemische Infizierung durch Gefühllosigkeit
deine der Herd

Du schautest ohne
erkennbare Regung zu
als die Soldateska der Schwangeren
den Fötus aus dem Leib schnitt

siebzig nach bei der Vernichtung Jerusalems
durch die Römer Und seither
die endlose Wiederholung des elenden Refrains
bis unlängst im Kibbuz an der Grenze zu Gaza

Und die Kreuzigung deines galiläischen Zeugen
Statt sie abzuwenden hast du sie
zum zentralen Element – ich scheue zu sagen Herz –
deiner Heilsökonomie gemacht

Es muss so geschehen schreibt Markus
dem fromme Verschleierung zuwider ist
Stellt's fest beisst auf die Zähne und sieht zu
was daraus werde

Auf die Frage was sein erstes Wort
an dich sei wenn er vor dir stehen werde
sagte sterbend Romano Guardini
Warum

Im März zweiundzwanzig als
auf der Hauptverkehrsachse von Osten
unheimlich langsam die feldgraue
Boa Constrictor auf Kyjiw zukroch
sagte der Radiologe
Angesichts dieser Bilder
sollte ein Onkologe zugezogen werden

Die Strahlenartillerie mit den präzisen Feuerschlägen
kam nicht länger in Frage
Der Herde waren zu viele
die Kollateralschäden wären zu gross gewesen

Der Onkologe sagte Unter diesen Umständen
halte ich eine Hormontherapie für angezeigt

Ich zögerte Ich dachte an Putins Männerbrüste die er
das geladene Gewehr entsichert
quer vor dem blanken Oberkörper
zur Jagd ausführte und an seinen Bauchansatz
vom vielen Sitzen an dem langen Tisch im Kreml

Vor dem Haus
darin ihre Wohnung war
das jetzt einer Honigwabe gleicht
nachdem der Bär das Bienenhaus aufgebrochen hat

vor dem Haus steht sie
im wattierten Mantel und der Wollmütze
Sechzig oder achtzig
schwer zu schätzen

und sagt zu dem ausländischen Reporter
Wenn man wenigstens Gas hätte
dann könnte man eine Suppe kochen
Aber Wasser ist ja auch keines da

Dieser Verrückte macht alles kaputt

Sie stellt es sachlich fest
wie der Arzt die Diagnose
Sie meint Putin
Selbstverständlich meint sie Putin

Sie meint Putin
Aber noch mehr als Putin
ich bin sicher denn
ich weiss es aus Erfahrung

zuinnerst in ihrem
ernüchterten Herz
Gott
meint sie dich

Sechsundvierzig Kinder in einer Woche
der ersten Kriegswoche
auf diese Todeswelt gekommen
in der Geburtsabteilung des Spitals von Kyjiw
die Matratze an Matratze
im Keller liegt

Derweil der Autokrat
in einem hohen Saal des Kremls ruht
in einem goldenen Zarenbett
Stöpsel in den Ohren
damit er nicht die kräftigen Schreie höre
der Mütter und der Kleinen im Keller des Spitals von Kyjiw

Die mit Zukunft geladenen
Fanfaren des Lebens
die es zu einer Geburt machen
selbst den Tod

Er fürchtet sie kämen bis nach Moskau
bis in den Kreml
in seinen totenstillen Saal
an das goldene Zarenbett
und raubten ihm den Schlaf
wie er ihnen ihr Land

Mehr als vor dem Feind
fürchtet der Autokrat sich
vor den Leichen

Vor den Leichen
seiner Soldaten
Denn er weiss

Sie sind nur seine Soldaten
wenn er sie gesund
nach Hause bringt

Kommen sie tot zurück
zetteln sie eine Meuterei
gegen ihn an

Das Bild klebt fest
und ist nicht von der Gedächtniswand zu kratzen
Ein Hochhaus
Im oberen Drittel eine klaffende Wunde
Die innern Organe ausgetreten
Gangster wer Flugzeuge in Hochhäuser lenkt
Die Drahtzieher
sind nie vor Ort
Sie sitzen weitab hinter Schreibtischen
in bombensicheren Bunkern
Der Krieg schont seine Anstifter
Aber der Krieg führt die Angst der Anstifter
um sich selbst vor Augen
Und entlarvt so immerhin die Feiglinge

Ich sehe sie
Zufall

Sie sucht in der zerbombten Wohnung
nach etwas
das noch zu gebrauchen ist
Und siehe
die Kaffeemaschine ist unversehrt

Sie trägt sie fort aus dem Haus
als trage sie
die Zukunft im Arm
Und ich folge ihr dorthin
wo Strom ist
und Leben

Ich sehe sie
Zufall
Gabe des Bildschirms
Pfand
für ein Morgen

Lässt du Mariupol fallen
verliert nicht nur der Generalstab in Kyjiw das Gesicht
sondern du auch

Tust du kein Wunder
wie nur du kannst wirst du
bei den Kriegsverbrechern zu stehen kommen

Dein Name wird für lange Schaden nehmen
und gegen jede deiner Guttaten
wird man dir die Zahl der Toten vorrechnen

Kannst du das wollen
Wir können es nicht wollen
um der Hoffnung willen

Darum rette Mariupol

Sie brauchen Ostern
Herr der Heerscharen
Sie brauchen leere Gräber
denn die leer waren sind voll
Männer Frauen auch Kinder
Sie brauchen sie dringend lebendig
dass die auferweckten Heiligen
nach Kyjiw kommen
und sich einschreiben in die Listen
der Kämpfer
Sie brauchen sie
gegen die Mörder
Und dazu Gott
brauchen sie Panzer
Raketen und Kampfjets
Kampfjets vor allem

Aus dem Spital floh ich
entgegen ärztlichem Rat
weil ich mein Bett vermisste

Daheim legte ich mich hinein
pfiff vor mich hin
und grüsste mit ausgestreckten Armen
Gott im gewölkverhangenen Himmel

In diesen Tüchern will ich sterben
und nehme das Gefühl daheim zu sein
mit ihnen ins Grab
das schon gerichtet ist wie alles andere
in dieser Welt

Meine Frau
die er mit schäbiger Assistenz
von Dementia mir weggenommen hat
sie wird zufrieden nicken
wenn ich neben sie zu liegen komme

II

Legion ungerufener Geister

Seit du nicht mehr hier bist
ist die Zeit ein leerer Becher
Und gäbe es noch etwas daraus zu trinken
es löschte keinen Durst

Mörderisches Trio

Krebs Verabsolutierte Zukunft
Frisst Gegenwart und Vergangenheit auf

Krieg Verabsolutierte Vergangenheit
Macht Gegenwart und Zukunft zunichte

Demenz Verabsolutierte Gegenwart
Löscht Vergangenheit und Zukunft aus

Du hast ihr nicht geholfen
Obwohl sie mit brechender Stimme schrie
Lieber Gott hilf mir
hast du ihr nicht geholfen
Du hast sie im Stich gelassen
verleugnet und verraten wie du
unzählige im Stich gelassen
verleugnet und verraten hast
und immer noch im Stich lässt
verleugnest und verrätst
Ich verzeihe es dir nicht
Ich gebe keine Ruhe
Ich trage es dir nach
bis zum Jüngsten Tag
bis ich sie wieder in den Armen habe
und neu mit ihr Hochzeit feiere

Zu der Geliebten in ihre aussichtslose
vergangenheitsvergessene Gegenwart
und zu mir kommen
die Pflegefrauen
Engel des Eingedenkens
bringen was nötig ist für den Tag
Botinnen des Himmels
vorbehaltlos irdisch
füllen sie die Risse die
das Leben zerteilen wie
die heimtückischen Spalten
den Gletscher den Menschenfresser
der erst nach Jahrzehnten
Jahrhunderten die bis auf
Skelettfragmente verdauten Reste Vermisster
unter erschreckenden Lauten
gleich der Mutterkuh das tote Kalb
in die Welt stottert

Und während die eine sie duscht
ihr die Haare wäscht föhnt und kämmt
windet die andere mir den Druckverband ums linke Bein
das seit unlängst Wasser speichert
vermutlich aus Angst
ein verdorrter Strunk zu werden
in der siedenden Welt
die die Gletscher zu Steinwüsten einkocht
und als bliebe keine Zeit
die Toten eilig kremiert
statt geduldig vermodern lässt

Folgen unserer beschränkten Therapiemöglichkeiten
die uns nötigen den Tod gegen den Tod
zu Hilfe zu holen hoffend
dass er in uns Suizid begehe
Mir aber frisiert er einen Glatzkopf
zerfrisst die Nägel an Fingern und Zehen
macht die Blase Blutsuppe speien
markiert rot den Abfall hinterwärts

Alles Indizien des Mordes der
von unbekannter Hand
in einem verschlossenen Zimmer
des eigenen Hauses
quälend uneilig vor sich geht

Weiss der Teufel
mein Magen ist kaputt
Seit du ausziehen musstest
von daheim ins Heim
ist mein Magen ein höllischer Feuerofen
Ich verbrenne bei lebendigem Leib
von innen her
Was immer ich esse
Stück Brot
Wurst
Apfel
Teller Risotto
alles Brennmaterial
das den Ofen am Glühen hält
Jeden Tag schlucke ich auf ärztliche Verordnung
drei Tabletten vor jeder Mahlzeit eine
die das Aufflackern des Brandes verhindern sollen
Untaugliche Feuerwehr
Einsatz kaum erledigt
züngeln aus allen Ritzen des Ofens die Flammen
Es ist sage ich zur Hausärztin
das schlechte Gewissen
Ich hätte sie nicht ins Heim geben dürfen
ich hätte sie daheim behalten und selbst pflegen sollen
Der du ein diplomierter Pfleger bist ätzt die Ärztin
Innert kurzem wärst du zusammengebrochen
Bist es ja um ein Haar
Du hattest die Wahl
entweder du behältst deine Frau daheim
wo sie nicht die Pflege erhält die sie braucht
und du machst schlapp
Oder du gibst sie ins Heim
wo sie nach allen Regeln versorgt wird

und du sie jeden Tag besuchen kannst
So einfach ist das
Eben nicht sage ich
Das Gewissen lässt keine Wahl
Es brennt
Ich bin Daniel der Feuerofen
Ich verbrenne von innen
Darauf die Ärztin
Egoist

Du magst das Bett nicht
sagen die Pflegerinnen im Heim
Du sperrst dich
willst dich nicht hineinlegen

Dir fehlt das Bett
das sich an deines schmiegt
Dir fehlt die Hand
die im Dunkeln zu dir kommt
Die Atemzüge mangeln dir
die in deinen Ohrmuscheln
beruhigend gleichmässig rauschen
wie der Takt des windstillen Meeres

Ich weiss es
Ich vermisse den einschläfernden Gleichtakt des Meeres
Mir fehlt die Hand
die im Dunkeln herübergreift
hochwillkommene Diebin die sich nimmt
wonach sie gelüstet

Ich schlafe schlecht
weil ich nicht die Matratzen spüre
die sich aneinander reiben
wie zwei verliebte Schafe

Allein im allein im Zimmer stehenden Bett
wirft das Hirn im Finstern
Legionen spukender Geister
zwischen denen
kein ruhiger Platz ist

Deine Festtagskleider
wenig getragen
immer geschont
und jetzt nicht mehr gebraucht
hangen im Dämmer des Schranks
und wenden misstrauisch
wie Kühe wenn die Stallstür aufgeht
den Kopf nach mir
Sperren sich gegen das Ausdermodekommen
versuchen die Zeit zu stauen
wollen nicht in falsche Hände geraten
Dabei sitzen schon
die Schaben in den Stoffen
Wenn ich schweige und horche
hör ich sie kauen

Du darfst nicht merken dass ich gehe
Das Wort nachhause ist zu vermeiden
Kleine Listen
winzige Lügen
Ich komme gleich zurück
in einen gewichtlosen Nebensatz verpackt
damit nicht die graue Wolke über dein Gesicht fährt
und deine Augen undurchsichtig werden

Ich werde nicht zurückkommen
Morgen schon
aber heute nicht mehr
Ich verlasse mich auf deine Vergesslichkeit
die vielleicht noch ahnen wird
dass etwas fehlt Aber nicht
was
Ich mache mir die absolute Gegenwart zunutze
in der du gefangen bist
schmieriger Schwindler der ich bin
notorischer verbaler Kleinkrimineller
hinterlistiger Kulissenschieber
Verleger doppelter Böden
Türmebauer auf Fundamenten aus Sägemehl
Einer dem ich lieber nicht in die Augen blickte

Und dann
wenn ich gegangen bin
deine Rufe
Verzweifelte Schreie die hinter mir herfliegen
wie Unheil verkündende Krähen
Treffsichere Harpunen
die mir im Rücken steckenbleiben
wollen mich mit starken Seilen
in das Tollhaus zurückziehen

Ich stürme hinaus
und trage sie mit mir
werde sie so wenig los
wie die Schnecke ihr Haus
Sie Prophetin kommenden Unwetters
Ich Teilhaber an herrschendem Wahnsinn

Leer das Bett
neben meinem Bett
Daraus vertrieben
die mir am nächsten war
näher als ich mir selbst
da sie mein Herz bewohnte
mir ein fremdes Haus
noch nie von innen gesehen
nur durch sie vertraut

Du hast sie vertrieben
Mit Verwirrung hast du sie geschlagen
obdachlos gemacht in sich selbst
wo sie in anonymer Angst gefangen
keinen Lidschlag lang mehr
sicher wohnt

Was hat sie verbrochen
Was hat sie dir zuleid getan
dass du sie derart strafst
Und wodurch habe ich dich erzürnt
dass du dich mit ihrer Krankheit
an mir rächst

Hast du gemerkt
dass du halblaut vor dich hinredest
seit sie nicht mehr daheim ist
die in deinem Herz wohnte
durch deren Liebe du es kennen lerntest

Hast du gemerkt
dass du eingebildetem Publikum
Vorträge hältst
und illusorisches Gegenüber
ansprichst

Hast du gemerkt
dass du dir selbst Antwort gibst
auf deine Fragen
und dass dein Gehirn drauf und dran ist
sich zweizuteilen

Merkst du endlich
dass du erst als Toter
ein Individuum sein wirst
bevor du dann
in tausend Stücke zerfällst

Seit sie im Heim ist
und nicht mehr daheim
sag ich spätabends niemandem
und niemand sagt mir Gute Nacht

Vorher liessen wir uns erzählend
den Tag durch die Finger gleiten
wie der Weber prüft
ob der Faden gut gesponnen sei

Jetzt ist er gebrochen

Seit sie im Heim ist
und nicht mehr daheim
und keines mehr dem anderen
Gute Nacht sagt weil kein anderes da ist

beginnt mein Körper
kaum habe ich das Licht gelöscht
mit sich selbst zu reden und vielleicht
auch mit Gott

Der könnte gegenwärtig sein
auch wenn niemand hier ist
Er gibt sich ja mit Absicht nicht zu sehen
zumindest vorderhand

Und als wolle er den Unsichtbaren provozieren
dass er sich wenigstens zu Wort melde
stösst mein Körper archaische Töne aus
böse Flüche unflätige Vorwürfe

von der Art wie die Sagen erzählen dass
wenn der Teufel unsern Weg kreuze
er zwar nicht zu sehen
jedoch stark zu riechen sei

Es ist ja niemand mehr in der Nähe
vor dem ich mich schämen müsste

Ignatieff in der Biografie Isaiah Berlins
schreibt dass Anna Achmatowa
nachdem achtunddreissig während Stalins Terror
ihr Sohn Lew Gimiljow verhaftet worden war
siebzehn Monate Tag für Tag mit andern Frauen
vor dem Kresty-Gefängnis von Leningrad
in einer Schlange stand und vergeblich versuchte
etwas über ihn in Erfahrung zu bringen

Ich stehe nicht in einer Schlange
Ich gehe jeden Nachmittag um halb drei
aus der Wohnung hinüber ins Nachbarhaus das Pflegehaus
wo du ebenso willkürlich wie der Sohn der Achmatowa
von Stalin
von einer Krankheit die keinen Widerspruch duldet
gefangen gehalten wirst
Ich darf dich sehen
Ich darf zu dir ins Zimmer kommen
Ich darf so lang ich will bei dir sitzen
Ich darf deine Hand halten
Ich darf mit dir reden was immer einseitiger wird
auch dir ein Lied singen wenn du magst
Ich dürfte dir vorlesen hättest du Geduld dazu

Aber die Aufseherin
die Krankheit
sitzt immer zwischen uns und zensiert

Du versuchst dich herauszuschälen
Du versuchst ein übers andere Mal aus dem Pullover zu
schlüpfen
Und ich sage jedesmal Tu's nicht Du erkältest dich sonst

Diktatorenwillkür hält dich fest
Diktatorenwillkür entscheidet über die Länge deiner
Gefangenschaft
Fest steht
Aus diesem Kerker entlässt einen keiner ausser dem Tod
der sich hier als Wohltäter aufspielt
Dabei ist er ein Komplize der undurchsichtigen Justiz
und ein Zuträger der Gefängnisdirektion

Ich habe es nicht gewusst
Sie auch nicht
Sie weiss es auch jetzt nicht
wenn sie wach ist
Aber ich weiss
dass sie eine Schamanin ist

Vornehmlich nachts
lassen Schamaninnen und Schamanen
das Verlies des Leibes hinter sich
und fliegen durch die Welt
zu wem immer es sie gelüstet

Das tut sie jede Nacht
seit sie im Pflegehaus ist
Ich weiss es
denn ich höre sie neben mir atmen
in ihrem Bett das nicht mehr dasteht

Sie atmet in ihrem langsamen Takt
der plötzlich abbricht
Ich zähle leise bis zehn
Noch eh ich sie anstosse
setzt der Takt wieder ein

Schamaninnen und Schamanen
entkörperte Geistflieger
legen ungeheure Distanzen zurück
überspringen Grenzen
durchdringen Mauern
und verriegelte Türen

Gewöhnlich nicht zum Guten

Sie muss ich
nicht fürchten
Sie überlistet nächtlicherweile
ihre Bewacher im Gefängnis der Krankheit
um sich unsichtbar an meine Seite zu legen
damit ich ihren Atem höre
und keines von uns allein ist

Jeden Nachmittag
wenn ich zu ihr gehe
und ihre panische Zeitlosigkeit betrete
die dem hohen Mittag des südlichen Sommers gleicht
dessen zum Nervenzerreissen angespannter Ruhe
spüre ich wie tödlich sie ist
Ein Ofen der alles
zur Gleichzeitigkeit verbrennt
zur absoluten Gegenwart
die nichts neben sich duldet
Eine nutzlose Mühle
die leere Spreu mahlend
widerhallt vom Takt eines gegenstandslosen Imperativs

Ihre Hände mit meinen verflochten
vereinte Geografie geteilten Lebens
Auf vergilbtem Pergament
laufen Flüsse Bäche Rinnsale schliesslich versickernd
in abenteuerlichen Windungen nicht mit der Schwerkraft
von Bergen ins Meer und von der Peripherie
zur grossen Stadt sondern ihr entgegen
aus den unermüdlichen Gezeiten des Meeres
und der pulsierenden Metropole
in die Ränder hinaus durch die
von Kulturen gezeichneten Ebenen der Handrücken
zwischen den Klusen formenden Gichtkuppen des
Grenzgebirgs
hinein in das fünffingrige Karstland bis
in die äussersten Enden
finis terrae
sie mit Leben versorgend
Leben akkumuliert sich nicht
Leben verausgabt sich
Je näher die Erschöpfung
desto entlegener die Enden der Erde
und unsere Hände drohen einander fremd zu werden

Sie wolle nicht kremiert werden
Mehr sagte sie nicht
nicht warum nicht
Sie wolle nicht
Basta

Sie hatte keine Lust darüber zu diskutieren
Sie wollte es nicht begründen müssen
Sie glaubte nicht jemandem darüber Rechenschaft schuldig
zu sein

Sie wollte Erdbestattung
Und ausdrücklich in dem
was der gewöhnliche Gemeindesarg heisst
Jedoch ohne Fenster
Und wenn er eines habe weil es keinen ohne Fenster gebe
solle es geschlossen bleiben

Sie wollte nicht dass jemand ihr beim Verwesen zusah
Wie sie nicht wollte dass jemand ihr beim Sterben zusah
Es sollte dem Zusehen entzogen sein
Wie das Neugeschaffenwerden
dem noch niemand zugesehen hat
und das wir uns nicht einmal vorstellen können

III

Gott ist kein Gentleman

Wecker altes Aas
Hetzbruder seit Ägypten her
herzloser Aufseher
peitscheknallender Schreihals
ein Subalterner als Herr über unsere Zeit
Ich bringe dich zum Schweigen
ich heisse Moses
und schlage dich tot

Zugegeben Er hat gesoffen
Ist es verwunderlich
in der von dir so geschaffenen Welt

Jedoch hat er niemand damit geschädigt
ausser natürlich sich selbst
Bestritt er auch nie
ehrliche Haut die er war

Er war ein Freund

Als er mit dem Schmerz in der rechten Seite
endlich zum Arzt ging
dieser die Achseln zuckte und sagte
Sie werden begreifen
bei solchen Quanten Ich fürchte
da widersprach er nicht
Sagte Ich weiss Selbst schuld

So
genau so war er ein Freund

Aber du
Musst du so konsequent sein
Derart eisern erbarmungslos
konsequent

Hörst du
Er war ein Freund

Ich kannte einen Richter
wahren Gentleman
der die Pflicht der erbarmungslosen Konsequenz
nicht länger ertrug und konsequent
den Beruf wechselte

Hegels Gott
im selbstverliehenen Ruf
eines Gentlemans von Geburt
lässt es sich angelegen sein
seine Verwandtschaft
zu kultivierter Menschheit emporzubilden

Gotthelfs Gott ist
ungehobelt wie die ganze Sippe
aber hartnäckig entschlossen
nicht aufzugeben bis aus ihr
er eingeschlossen
eine respektable Gesellschaft geworden ist

Reichlich kindisch
der grosse Skribent
sitzend in der selbstgebauten Eremitenzelle
auf der Insel am äussersten Rand des Archipels
redet vor sich hin
schreibend und malend
an einem illuminierten Pergament
erfindet fortlaufend Buchstaben
die ausser ihm
niemand kennt

Will sich mitteilen
wagt aber nicht herauszutreten
und von Angesicht zu Angesicht anzureden
Behauptet die Leute stürben darob
vor Schreck

Verbirgt sich in Schrift
Lässt reden durch anderer Mund
Spielt Verstecken wie die kleinen Kinder
die noch mehr als schnell entdeckt
fürchten nicht gefunden zu werden

Auf den ersten Blick
reichlich unreif das alles
und schwer zu begreifen

Heimsuchung

Er leide
lässt er mir durch einen zweifelhaften
Sprecher ausrichten
ich könne es ihm glauben
mehr als ich an dem Schmerz
den er mir zu meinem Besten
zufügen müsse

Denn er leide mit
leide in mir
Ich die Hülle
Er der Kern

Gott leidet in dem Gekreuzigten
Der Vater leidet in dem gezüchtigten Kind
Der Sklavenhalter leidet in dem ausgepeitschten Schwarzen
Der KZ-Aufseher leidet wenn er dem Häftling den Strick
um den Hals legt
Der Autokrat leidet im hungernden Volk

Fauler Zauber

Sind des Autokraten Rippen zu zählen
Zieht der Strick sich um des Aufsehers Hals zusammen
Reisst die achtschwänzige Katze in eines Weissen Rücken
Löcher
Zittern des Vaters Knie vor der Gerte
Sind es Gottes Handgelenke in die sich die Nägel bohren

Billiges Mundwerk
durchsichtiges Lügengespinst
Ich sage ja
Fauler Zauber

Wenn dieses windige Futur
wenn dieses Tempus der Hochstapler und Beutelschneider
wider Erwarten doch noch Gegenwart wird
wenn dieser zweifelhafte Schuldschein auf die Zukunft
eines Tages endlich eingelöst werden sollte
dann wird es fürchte ich
einen Run auf die Zahlstelle geben
dass dieser Hören und Sehen vergeht
und sie vor Schreck
den Schalter schliesst

Es wäre denn der Inhaber hätte heimlich
unendliche Rücklagen aufgehäuft
Geld wie Heu und alles Gold der Welt
in Kellern gebunkert so dass er's jetzt
mit vollen Händen aus den Fenstern werfen könnte
Nur fragte sich dann jedermann
warum er damit wartete
bis seine Gläubiger allesamt bankrott waren
und nicht damit herausgerückt ist
als der Schaden noch überschaubar war

Er wird sehr gute Argumente haben müssen
damit er nicht das Gesicht verliert

IV

Klagelieder

Ich muss denke ich
heute zu ihr hinüber ins Heim
ihr die Briefe vorlesen
die schönen Briefe
die die Leute geschrieben haben

Unter der Wohnungstür
wie Wintereinbruch die kalte Klarheit
Sie wohnt nicht mehr im Heim
Ihre Adresse ist neuerdings
Friedhof Familiengrab Nummer vierzig

Dorthin fahren ist sinnlos
Dort les ich ins Leere

Es sind zwei Plätze unter dem Stein
In den zweiten werde ich zu liegen kommen

Was mach ich mit den Briefen

Du hast unser Lebenshaus zerstört
In der Liebe hatten wir es gebaut
in dem Namen also
den du für dich beanspruchst
Nun stehen wir in den Trümmern

Auf verlässlichen Segen hatten wir gehofft
denn Die Liebe bleibt
steht geschrieben
Aber du widerlegst
deine eigene Schrift

Eh wir etwas bauen
hast du dem Beton schon
das Sägemehl des Zerfalls untergemischt

Mit unbarmherziger Konsequenz
machst du kaputt
was du zu lieben beteuerst

Das hätten wir dir nicht zuzutrauen gewagt
dir dem die konsequenteste
Inkonsequenz nachgesagt wird
die Vergebung von Schuld

Du bist nicht im Sturmwind
Du bist nicht im Erdbeben
und nicht in der Feuerwalze
Du bist im Flüstern eines sanften Windhauchs
Mit Gewalttat willst du nicht in einem Atemzug genannt sein
Du begehrst nicht schuld zu sein
an Verderben und Tod

Du machst dich klein Grosser
maskierst dich vor dem
was du angezettelt hast
mit der Namenlosigkeit eines Lüftchens

In der rechten untern Fensterecke
zwei Marienkäfer
aneinander gekrochen um
einander tröstend
miteinander den Kältetod zu erwarten
Der sehe ich folgerichtig eingetreten ist
Ob der Trost auch
entzieht sich meiner Kenntnis
Jedoch werde ich
der Reinigungskraft sagen sie soll
es nicht wegputzen
dieses Bild kreatürlicher Nächstenliebe
das den Schöpfer beschämt

Zuinnerst war die ganze Zeit
eine kleine Leere
Ich sage klein Sie war nicht gross
nicht dominant Aber sie war da

Wes der Mund überging
des war das Herz nicht restlos voll

Zuinnerst war immer
diese kleine Leere
und hallte diskret durch alles
was der Mund bekannte
Klang nach als kurzes Zögern
kaum merkliches Zittern
Abwesenheit dessen was man
markig nennte

Und als wir spürten
dass die kleine Leere wie im einen
so auch im andern war
wussten wir
dass wir beieinander sein wollten
und sie uns zusammenhalten würde

Exodus

Du sprachst zu Abraham Geh
aus deinem Land in das Land das ich dir zeigen werde

Und Abraham zog aus der babylonischen
Göttersklaverei in das freie Kanaan

Aber wer zählte die Schafe die unterwegs verendeten
Wer gedenkt der Mägde die verdursteten
und der Knechte die zusammenbrachen

Du sprachst zu Mose Geh zum Pharao und sag ihm
Lass mein Volk ziehen

Und sie assen das Passa in Eile und brachen auf
die Freiheit vor Augen

Aber wer kennt die Namen der in Ägypten
von den Aufsehern zu Tod Geprügelten und
vom Steineschleppen
Verkrüppelten die nicht mitgehen konnten

Du sprachst zu Israel: Ich führe euch in ein schönes weites
Land
in ein Land das von Milch und Honig fliesst

und spaltetest das Wasser damit sie
trockenen Fusses das Schilfmeer durchschritten

Aber wer erzählt von denen die auf dem Weg dorthin
die Wüste verschlang die Sonne versengte
dass sie keinen Schritt mehr machten

Joseph gewiss dessen Gebein sie mitführten
damit es im Land der Verheissung begraben werde

Aber war das Versprechen genug
Als sie ankamen jenseits des Jordan
habe behauptet Ruben mein Freund seine Urmutter Sara
sich umgesehen und gerufen Ist das alles
Gott Abrahams Gott des Exodus Ist das alles

Wir hofften du wollest
was Menschen einander antun
den Katalog der Tortur
systematisch begrenzen
und schliesslich zunichtemachen

Wir dachten du wollest
die Möglichkeiten der Qual minimieren
und den Einfallsreichtum der Grausamkeit versiegen lassen

Wir sehen uns getäuscht
Nichts davon ist wahr geworden
das Repertoire keinen Deut schmaler
lediglich dem Zeitgeschmack entsprechend variiert
und fortschrittshalber technisch perfektioniert

Die Hoffnung hat uns genarrt
Wir stehen wieder dort
wo nach dem Grossen Krieg
unsere theologischen Grossväter standen
und vierhundert Jahre vorher Luther stand als er schrieb
du müssest uns zum Teufel werden
ehe du unser gnädiger Gott sein könnest

Nur dass leider
bevor du uns der gnädige Gott wirst
die meisten durch die Teufeleien
umgekommen sind

Teufelsbrücke

Ich verstehe nicht deinen Zorn
Ich begreife nur weil mit Händen zu greifen
dass du uns zerschlagen willst
Das begreife ich Aber ich verstehe es nicht

Schroffe Leere zwischen zwei Felsen
und tief unten die schäumend weisse Wut
der jungen Reuss
Nur zu überbrücken mit Hilfe des Teufels

Ich hasse diesen blauen Festtagsteppich
den du aus dem Märzenhimmel hängst

Und die blassgrünen Ausschläge an den Bäumen
sehen mir aus wie von Lügen verstrahlt

Es ist eine Beleidigung derer die unter diesem Himmel
sterben
und eine Verspottung der von den Raketen Getöteten

Wann endlich Gott schaffst du der Freiheit Raum zum
Atmen
und der Wahrheit den Vorsitz am Tisch der Welt

So viel wie der
hat noch keiner versprochen
Noch keiner hat so grosse Worte
auf seiner Fürsprecher Zunge gelegt
Neuer Himmel und neue Erde
Unerhört

Und dann
liefert er dafür zum Beleg
seinen Zeugen an das Kreuz der römischen Justiz
Rührt keinen Finger
Antwortet nicht auf den anklagenden Schrei
Schweigt
und lässt alles geschehen regelrecht
nach dem ausgeklügelten Drehbuch der Grausamkeit

Hier nehmt und seht
was ihr damit anfangt

Sie haben keine Ahnung
Sie wollen mitfühlen
den Schmerz mit mir teilen
Nur noch selten brauchen sie
das klinische Fremdwort kondolieren
das peinlich an gratulieren erinnerte
und sich dadurch unmöglich machte

Sie verwenden heutzutag weichere Wörter
weich wie Kissen
Wörter die ein richtiger Mann
vor fünfzig Jahren nicht in den Mund genommen hätte
anschmiegsame Wörter schmerzlindernde
die mir tröstend über den Kopf fahren
mich in die Arme nehmen
an die Brust drücken

Sie glauben glaube ich
in mir sei sumpfige Bodenlosigkeit
und mein Herz hange in den Rippen
wie ein leerer Beutel im Geäst eines nackten Baums

Sie haben sage ich noch einmal
ohne Vorwurf ohne Überheblichkeit
keine Ahnung
Käme ihnen eine
wären sie unangenehm berührt
die Sache würde zwangsläufig moralisch
als hätten sie die Pflicht
sich für meine verstorbene Frau zu wehren
dass sie nicht im Morast meiner Trauer verkomme

Sie haben keine Ahnung
Ich will ihre Kissenwörter nicht
ihre verbalen Trostkompressen
ich lege mich nicht
ins Lotterbett geteilten Schmerzes
Ich will weder Ruhe noch Besinnlichkeit noch Frieden
Ich will Opposition
Ich will Streit
Zorn

Gott hat mir die Frau weggenommen
und ich protestiere dagegen
Ich habe einen bösen Konflikt mit ihm
und behaupte dass nicht ich es war
der Grund dazu gab
Ich plädiere auf Widerstand
statt auf Ergebung
Unbelehrbar für seine Heimsuchungen

sage ich ihm ins Angesicht
Ich will meine Frau wieder haben
Wenn deine Herrlichkeit real werden sollte
die versprochene und bisher ausgebliebene
spätestens dann will ich meine Frau wieder haben
Wenn nicht kannst du alles vergessen
mich dich dein Werk
alles

Ich bin ihm
weiss Gott
ich bin ihm fast dankbar
lässt er so mit sich reden
Immerhin das

V

Nach den Klageliedern

Könnte ich
würde ich
könnte ich
wollte ich
könnte ich
schriebe ich
so wild
so unfertig
so stückwerkhaft
so nah am blutigen Leben
meinem zerwühlten Bett
wie Tracey Emin
malt

Zuletzt war es Schönheit
schwer erlitten
vom Gewesenen
nicht mehr zu zerstören

Du auf dem Totenbett
warst schön
Kalt und wächsern aber schön
Schön wie beim ersten Kuss

So schön dass
mein wächsernes Herz schmolz
und mir warm wurde
im ganzen Leib

Was kommt
ist verborgen
in der Erde
wo die Saat wartet

Drei Wochen seit deiner Beerdigung
Du wolltest als Ganze
in die Erde gelegt werden
nicht als ein Häuflein Asche

In die fruchtbare rote Erde gelegt werden
wolltest du
Archiv des lebendig Gewesenen
wo die Generationen der Vorfahren versammelt sind
auf das Neue hin

Nicht Menschenhand
Schöpferhand musste
deine Gestalt zerstören
Er der dich geschaffen hat
musste mit eigenen Augen sehen
was aus seinem Werk wurde
und herausgefordert werden
es neu zu schaffen so
dass es ihm Ehre mache

Keine staubige Abstraktion durfte dein Tod sein
Denn die Welt ist kein Ascheberg
Die Welt ist Kompost
worin aus Totem Humus wird
der junges Grün hervorbringt
das blüht und Früchte trägt
Vorbild des kommenden Vollkommenen

In die herrschenden Zustände gesät
vom Wind der weht wo er will
die invasive Rede dass
der Himmel angefangen habe
die Erde zu unterwandern
damit aus ihr endlich
die unteilbare Welt werde

Unberechenbar wie Unkraut
zum Ärger von Katasterverwaltern
und Paradiesbaumeistern
wo die Hoffnung spriesst

Aber nicht mehr aus Ohren und Mündern
und Gehirnen und Herzmuskeln zu verbannen
dank der Hartnäckigkeit jenes Anonymus
ohne festen Wohnsitz der
wild entschlossen sei
sich einen noch nie gehörten Namen zu machen

Und wers nicht glauben kann
soll die Juden fragen
wie sie der ägyptischen Sklaverei
entkommen sind

Totensonntag

So viel um die Ohren
haben selbst im Schlaf die Lebenden
dass das Morgengeläut
sie nicht weckt

An ihrer Stelle versammeln sich
die Toten
Sie haben Zeit
und singen

Komm Schöpfer Geist
kehr bei uns ein
und lass uns
deine Wohnung sein

Die sechste Zigarette

Nazim Hikmet schwer herzkrank
sitzend im Zug von Prag nach Berlin
am 28. März 1962
Ich war im ganzen Leben nie in Prag
Prag sei die schönste Stadt der Welt
sagt Nazim Hikmet
Aber ich war nie dort
Am schönsten Ort der Welt
war ich nie
Und Nazim Hikmet lässt Prags Schönheit hinter sich
und fährt nach Berlin
und zündet auf der Fahrt die sechste Zigarette an
wo doch die erste schon
ihn hätte töten können
Er lässt die ihn töten kann
hinter sich
Er lässt verwegen im Anzünden der sechsten Zigarette
den Tod hinter sich
und schreibt der Tuljakowa seiner Geliebten und Ehefrau
In der Liebe lassen wir
den Tod hinter uns
Denn die Liebe ist stark
wie der Tod
Sie lässt ihn nicht obsiegen
obwohl sie ihn nicht überwinden kann
denn der Tod ist stark
wie die Liebe Aber die Liebe
ist stark wie der Tod

Ich setze mich zu dir in den Zug
von Prag nach Berlin Nazim
Verlasse mit dir Prag die Prächtige
wo ich nie war
und fahre mit dir nach Berlin
die zerteilt zweiundsechzig
im Osten sehr schäbig ist
die Spuren zwölfjähriger Hurerei noch immer
wie die Trümmer eines alten Makeup
im Gesicht
Wir fahren trotzdem weil wir
im Barock erblindeter Spiegel
nicht schwarzvergoldete Mumien werden wollen
wir beide nicht
Also fahren wir nach Berlin
und zünden im Zug die sechste Zigarette an
du mein später Lyriklehrer
und ich
Es ist nie zu spät zum Lernen
Wir zünden die sechste Zigarette an
und der Tod sitzt neben uns
und raucht auch und lacht
Grinst nicht wie sonst
Er lacht mit uns
Denn wir lieben beide
du Nazim und ich
du sechzig und schwerkrankes Herz
deine Moskauerin
Ich dreiundachtzig und Krebs
meine Appenzellerin
Wir rauchen die sechste Zigarette
die Zigarette der Liebe

Und der Tod raucht mit
und wir du und ich
lachen ihm ins Gesicht und er
lacht freundlich zurück

Ich habe dich gelesen Nazim Hikmet
in der onkologischen Klinik
auf einem Behandlungsstuhl sitzend
an eine Infusion angeschlossen
die mich vergiftete um mich zu retten
und es ist noch nicht heraus
tut sie das eine oder das andere
Da habe ich dich gelesen
da bist du mein Lehrer geworden

Es ist nie zu spät zum Lernen
Du Nazim hast mich gelehrt
die sechste Zigarette anzuzünden

Hersteller:

TVZ Theologischer Verlag Zürich AG
Schaffhauserstr. 316, CH-8050 Zürich
info@tvz-verlag.ch

Verantwortlicher in der EU gemäss GPSR:

Brockhaus Kommissionsgeschäft GmbH
Kreidlerstr. 9, D-70806 Kornwestheim
info@brocom.de

Weitere Informationen bezüglich Produktsicherheit finden Sie unter:
www.tvz-verlag.ch/produktsicherheit